AF288398

Kerstin Stefanie Rothenbächer

Mein Traum von Dir

Ganz Herzlich gewidmet

Mutti und Papa
&
Matthias, Katja,
Charlotte und Henry

Copyright © 2019
Kerstin Stefanie Rothenbächer
Herstellung und Verlag:
BoD- Books on Demand, Norderstedt

Bibliografische Information der Deutschen Nationalbibliothek
Die Deutsche Nationalbibliothek verzeichnet diese
Publikation in der Deutschen Nationalbibliografie;
detaillierte bibliografische Daten sind im Internet über
http://dnb.d-nb.de abrufbar.

ISBN 978-3-8370-7845-9

Du machst mich wahnsinnig

Du machst mich verrückt
und das weißt Du genau.
Wie Du mich ansiehst,
wie Du lachst.

Du kennst viele Tricks
und probierst sie an mir.
Woher soll ich wissen,
wie ernst Du es meinst?

Wenn Du mich küsst,
und plötzlich hörst Du auf.
Du schaust mich an,
Du lachst.

Wie sehr ich Dich liebe!
Du veränderst mein ganzes Leben.
Du treibst mich zur Verzweiflung
-    aber liebst Du mich?

Einmal zuviel

Ich hätte nie gedacht,
dass ich Dich wieder sehe.
Wäre doch gelacht,
wenn ich vorüber gehe

Hast Du mich erkannt?
Denkst Du oft daran?
Wie bist Du gerannt,
hab ich Dir weh getan?

Jetzt lachst Du mich an!
Sagst, es war doch schön,
flirtest – ja und dann
willst Du mich verstehen.

Nein nicht noch einmal,
denn ich kenne Dich
Dir ist das egal –
Dein „ich liebe Dich"!

Mein Glück

Meine Hände in Deinen,
so soll es immer sein.
Meine Augen zeigen
in mein Herz hinein.

Meine Tränen versiegen,
hältst Du mich im Arm.
Mein Wunsch Dich zu lieben,
in mir wird es warm.

Meine Gedanken sind weit,
sind nur noch bei Dir,
Mein Traum ist die Zeit
von Dir und mir.

Meine Liebe für Dich
halte ich nicht zurück.
Mein Herz lügt nicht:
Du bist mein Glück!

Ich warte schon so lang

Ich warte schon so lang,
doch wissen werd ich nicht.
Bist Du nur Fantasie
oder wirklich da für mich?

Wirst Du bei mir sein,
wenn ich mich einsam fühl.
Schlägt Dein Herz mir nah
oder bist Du kühl?

Ich warte schon so lang,
denk zu oft an Dich.
Halte mich zurück,
es ist schwer für mich.

Du bist meine Hoffnung,
rette mich von hier.
Fliege durch die Zeit:
Du und ich – wir!

Ich warte schon so lang,
Licht in Dunkelheit.
Träume sind nicht echt
und wie Du so weit!

Du

Du trittst in mein Leben,
da sollst Du sein!
Kann es so was geben?
Du gehörst mir allein.

Du kennst meine Träume,
liest in meinen Augen.
Will Dich nie versäumen,
das darfst Du mir glauben.

Du regierst meine Seele,
hältst mich im Arm.
Ob ich Dir wohl fehle,
wenn ich Dir entkam?

Du trittst in mein Leben,
Du verzauberst mich.
Mehr will ich Dir geben,
willst Du auch mich?

Flammen

Wasser in der Wüste,
Sommer in Eiszeit.
Sehnte mich zu Dir
schon so lange Zeit.

Stern an meinem Himmel,
Traum in meinem Leben.
In Wirklichkeit
kann's Dich nicht geben.

Küsse nur in Gedanken,
Streicheln nie gekannt.
Meine Sehnsucht nach Dir
habe ich verbannt.

Feuer meines Herzens,
Wünsche werden wahr.
Oh wie ich Dich liebe
endlich bist Du da!

Du hilfst mir

Tränen in meinen Augen
trocknen in Deinem Arm.
Ganz erstarrt vor Kälte,
doch Du hältst mich warm.

Schatten auf meiner Seele,
Licht in Deinem Leben.
Leere in meinem Herz
wird es nie mehr geben.

Angst, die mich erstickt,
sicher in Deiner Liebe.
Sehnsucht nach Geborgenheit,
die ich von Dir kriege.

Warten auf ein Wunder,
endlich bist Du da!
Tief in meinem Herz
werden Wünsche wahr.

Ich möchte

Ich möchte ein Feuer sein,
wenn Du frierst.
Ich möchte der Trostpreis sein,
wenn Du verlierst.

Ich wünsche Dir das Sternensilber
in Deine Dunkelheit.
Ich wünsche Dir den starken Fels
für Deine Sicherheit.

Ich möchte Deine Welt sein,
wenn Du einsam bist.
Ich möchte Dich lieben,
wenn alles hässlich ist.

Ich träume für Dich,
wenn alle verschwinden.
Ich träume von uns,
dass wir uns finden.

Zu Dir fliehen

Zu Dir fliehen
in Traum und Wirklichkeit.
Zu Dir halten
jetzt und alle Zeit.

Für Dich kämpfen,
die Zukunft gewinnen.
Für Dich da sein,
mit Dir neu beginnen.

In Dir versinken
mit Herz und Fantasie.
In Dir spüren,
Dein Feuer erlischt nie.

An mich lehnen,
ich bin Dein Licht.
An mich glauben,
Ich liebe Dich!

Allein

Mein ganzes Leben
nur Flucht zu Dir.
Und doch so viel
allein mit mir.

Mein ganzer Wunsch
von Zweisamkeit.
Und viel zu oft
bist Du so weit.

Mein ganzer Traum
nur Du für mich.
Und wieder mal
vermiss ich Dich.

Meine ganze Sehnsucht
Deine Liebe sein.
Und immer nur
bleib ich allein.

Kuss um Kuss

Meine Welt steht kopf.
Mein Herz ist dahin.
Was Du mit mir machst,
geht mir nicht aus dem Sinn.

Mein Leben aus den Fugen.
Mein Kopf ist verdreht.
Lieben und fordern,
ausbrechen und verstehen.

Meine Liebe sucht Dich,
braucht Dein Gefühl.
Du bist mein Traum,
gibst mir so viel.

Meine Gedanken, meine Sehnsucht
find ich bei Dir.
Kuss um Kuss.
Ich will Dich bei mir!

Wie ich Dich liebe

Wie ich mich sehne
hin zu Dir.
Mein Herz braucht Dich so sehr.

Wie ich mich gebe
ganz und gar.
Nichts wünsch ich mir mehr.

Wie ich Dich fühle
in meiner Seele.
Du bist so nah bei mir.

Wie ich Dich liebe
so rein und wahr.
Denn ich gehöre Dir.

Ich träume

Ich träume.
Alles ist wunderschön
Ich fürchte,
es wird vergehen.

Ich träume.
Glück in meinem Herz.
Eine Minute
verwandelt es in Schmerz.

Ich träume.
Du wirst bei mir sein.
Voll Sehnsucht
und ich bin allein.

Ich träume
und träume immerzu.
Der schönste Grund
dafür bist Du.

So fern

Ich träum mich
zu den Sternen
jeden Tag und jede Nacht.

Ich fange an,
zu lernen.
Mein Himmel weint und lacht.

Ich fliege
mit den Wolken,
frei und doch nicht ohne Ziel.

Ich will
das Glück verfolgen,
es bedeutet mir so viel.

Ich sehne
mit der Seele,
ist es auch schwer für mich.

Ich liebe
und ich lebe
ganz und gar für Dich.

Mit Deiner Liebe

Mit einem Lächeln
hast Du mich gefangen,
hast mich in Deiner Hand.

Mit einer Berührung
vertreibst Du meine Schatten,
bringst mich um den Verstand.

Mit einem Blick
lässt Du mich erschauern,
verbrennst mir mein Blut.

Mit einem Kuss
hast Du mein Herz
und es tut so gut.

Schein

Küsse auf der Haut
spür ich immer noch.
Hab ich Dir vertraut,
belügst Du mich doch.

Gedichte an mein Herz
raubten den Verstand.
Jetzt ist nur noch Schmerz
meiner Liebe Land.

Traum, der mich verbrannt,
lebte nur für Dich.
Hätt ich nur erkannt,
Du verliebst Dich nicht.

Tausend Mal

Tausend Worte sagen nicht,
was ich fühl für Dich.
Tief wie meine Liebe ist:
Du bist die Welt für mich!

Tausend Augen sehen nicht,
wie stark und heiß Du bist.
Wie tausend Feuer brennt es,
wenn ich Dich vermiss.

Tausend Tränen versiegen,
denn Du bist bei mir.
In Deiner Liebe ertrinken,
dafür dank ich Dir.

Tausend Mal nur Du,
Du und Du für mich.
Für Deine Liebe leben,
wie sehr lieb ich Dich.

Pures Glück

Zu Dir zieht es mich hin,
immer Tag und Nacht.
Bei Dir will ich sein,
so oft ich es vermag.

In Deinen Armen liegen,
pures Glück für mich.
In Deinem Herzen lesen,
ich erkenne Dich.

Für Deine Träume leben,
den Weg gemeinsam gehen.
Für Dich da sein,
sich blind verstehen.

In meinem Herz ist Kälte,
denn Du bist nicht da.
Wann nur wann
werden Träume wahr?

Verlangen

Es ist hier
so nah und doch so fern.
Meine geheime Freude, mein Stern.

Wie ein Traum
fliegen und doch wahr.
Tief in mir drin ganz und gar.

Lässt mich steigen
höher als Berge sehen.
Lässt die Trauer in mir vergehen.

Trommelt mein Herz,
füllt mich mit Gier
und verbindet mich mit Dir.

Wahre Liebe

Meine Augen suchen Dich
schon so lange Zeit.
Meine Träume sterben
in meiner Einsamkeit.

Meine Lippen brennen nach Dir,
ich verberge es in mir.
Meine Angst wächst,
ich schließ schon die Tür.

Meine Arme sind leer,
Träne um Träne für mich.
Keine Hoffnung mehr,
mein Herz zerbricht.

Meine Liebe ist Dein,
öffne Dir mein ich.
Als ich nicht mehr dran glaube,
finde ich Dich.

Zuflucht

Blitze und Donner
der Himmel brennt.
Keine heile Welt
an meinem Firmament.

Niemals Sonne
nur Eis und Schnee.
Kalt wie die Nacht,
stürmisch wie die See.

Blätter, die fallen
und doch noch grün.
Blumen, die welken,
bevor sie blühen.

Dunkelheit um uns
und in uns drin.
Fliehen und fliehen,
bis ich bei Dir bin.

Tief im Herzen
nur für uns zwei.
Unsere Liebe
geht nie vorbei.

Für Dich da sein

Und wenn die Sterne fallen
-    Dunkelheit steht vor der Tür.
Und wenn die Vögel stumm sind
-    Traurigkeit kommt zu Dir.

Und wenn die Erde still steht
-    Angst schleicht heran.
Und wenn die Welt leer ist
-    Einsamkeit für so lang.

Und wenn Wasser Tränen sind
-    Hoffnung, die Dich verlässt.
Und wenn alles zerbricht
-    hält meine Liebe Dich fest.

Paradies

Ich brauch kein Schloss,
um zu Hause zu sein.
Für meine Geborgenheit
sorgst Du ganz allein.

Ich brauch kein fremdes Land,
um vor dem Alltag zu fliehen.
Bei Dir kann ich
bis zu den Sternen ziehen.

Ich brauch keine Träume,
damit ich eine andere bin.
Denn nur für Dich,
macht mein Leben Sinn.

Ich brauch kein Feuer,
um die Wärme zu spüren.
Ich brauch Deine Liebe
und will Dich nie verlieren.

Wir

Tränen in meinen Augen,
Trauer in meinem Blick,
so bin ich allein.

Zweifel in meinem Glauben,
Sehnsucht nach wahrem Glück,
Du bist nicht mein.

Regen an meinem Himmel,
Verzweiflung in meinem Kopf,
Du weißt es nicht.

Leiden in meiner Seele,
Sterben in meinem Herz,
und ich frage Dich.

Zittern am ganzen Körper,
Beben vor Ungeduld,
Du schaust zu mir.

Strahlen in Deinen Augen,
Leben in Deiner Hand,
Du und ich – wir!

So lang

Ich hab so lang
von Dir geträumt,
so manche Stunde
hab ich versäumt.

Ich hab so lang
auf Dich gewartet,
so manchen Seufzer
hab ich gestartet.

Ich hab mich so lang
nach Dir gesehnt
und in Gedanken
an Dich gelehnt.

Ich hab so lang
mein Herz versteckt,
jetzt endlich
hast Du mich entdeckt!

Ein Versprechen

Nur ein Lächeln
zeigt mir Deine Welt,
nur ein Zwinkern
ist, was mir gefällt.

Jeder Brief von Dir
lebt in mir drin.
Jeder Moment zu zweit,
wie glücklich ich bin.

Nur ein Kuss
und Du bist bei mir.
Nur mich für Dich:
ich steh zu Dir.

Jede Träne versiegt
mit Deinem Charme.
Jeder Traum wird wahr
in Deinem Arm.

Nur ein versprechen
an Dich allein:
nur eine Liebe
ich bin Dein!

Ich will

Ich will fliegen
hoch hinaus und nie mehr zurück.
Ich will tanzen
rundherum und in mein Glück.

Ich will träumen
ertrinken in meiner Fantasie.
Ich will singen
Ton für Ton eine Melodie.

Ich will kämpfen,
um endlich frei zu sein.
Ich will leben,
die Zukunft ist mein.

Ich will siegen,
so wichtig für mich.
Ich will lieben
nur nicht mehr Dich.

Traum und Wahrheit

In meinen Träumen
gibt es Wirklichkeit:
Sonne und Sterne
für alle Zeit.

Hinter dem Horizont
kann ich fliegen:
Sturm und Feuer
werde ich besiegen.

In meinem Herzen
gibt es Wahrheit:
Nacht und Dunkel
weit und breit.

Hinter der Maske
siehst Du den Sinn:
Stein und Glas
ich bin, wie ich bin.

Ich will Liebe

Ich will Liebe,
die für immer zählt.
Ich will Dich,
das einzige was zählt.

Ich brauche Treue,
auf die ich bauen kann.
Ich brauch Dich,
lehn mich an Dich.

Ich träume mir Licht
in meiner Dunkelheit.
Ich träume mir Dich,
der mir den Himmel zeigt.

Ich habe Angst,
die Wahrheit zu verstehen.
Ich habe Dich
von mir gehen sehen.

Sie und ich

Sie hält Dich fest,
sie lacht mit Dir,
und doch kennt sie mich nicht.

Sie ist Dir treu,
sie steht zu Dir,
mein Dunkel ist ihr Licht.

Du fliehst zu mir,
Du bleibst die Nacht,
wir leben einen Traum.

Du willst mich ganz,
Du schenkst Dein Herz,
ich glaube es kaum.

Ich sehe uns,
ich sehe euch,
sie tut mir so leid.

Ich treffe Dich,
ich treffe sie,
sie ist es die verzeiht.

Wenn wir

Wenn ich in Deiner Nähe bin,
wird mir heiß und kalt.
Es drängt mich einfach zu Dir hin,
verliere meinen Halt.

Wenn Du in meine Augen siehst,
krieg ich Gänsehaut.
Was Du in meinem Herzen liest,
hast Du mich durchschaut?

Wenn ich im wachen träum von Dir,
wird unser Wunder wahr.
Du willst noch viel mehr von mir,
das ist mir jetzt klar.

Wenn wir endlich verstehen:
es gibt Dich und mich.
Unsere Zukunft sehen,
Ich liebe Dich!

Sonnenlicht

Tränen in Deinen Augen
brennen in mir.
Last auf Deiner Seele,
so führst Du mich dahin.

Berge zu erklimmen,
in den Abgrund sehen.
Kämpfen um Deine Nähe,
um Dich zu verstehen.

Schritt für Schritt
auf dem Weg zu Dir.
Lässt Du mich nur,
bleib ich für immer hier.

In meiner Liebe leben:
Du bist die Welt für mich.
Komm aus dem Dunkel
in unser Sonnenlicht.

Du machst mir Flügel

Du machst mir Flügel,
machst schön meinen Tag.
Wie gut ich mich fühle
lebendig und stark!

Wegen Dir bin ich gelassen
und drehe doch die Welt.
Du bist in meinem Lachen
und ich bin Dein Held.

Du siehst in mir das Gute,
stellst mich ganz vorn an.
Was immer ich auch tue,
ändert nichts daran.

Wegen Dir lebe ich den Traum
von uns und Ewigkeit.
Weil Du mich liebst,
gehört mir die Zeit.

Feuer und Eis

Das Licht geht aus,
der Himmel fällt.
Ich bin es,
die den Traum festhält.

Feuer wird zu Eis,
die Welt vergeht.
Ich bin es,
die zu Dir steht.

Lachen wird zu Tränen,
keine Sterne mehr.
Ich bin es,
heb Dich noch nicht her.

Angst und Trauer
durch all diese Not.
Ich bin es,
kämpfe bis zum Tod.

Endlich wahr

Sonne in meinem Herzen
Blitze in meinem Blick
Ich sehe Dich
und nicht zurück.

Wolken auf meiner Seele
Donner tief in mir drin
So lange schon
Zeit für einen Neubeginn.

Träume mit offenen Augen,
finde keine Ruh.
In meinem Kopf
bist nur noch Du.

Kribbeln und Zittern
Du bist endlich da.
Halt mich nur fest
und wir sind wahr.

Sehnsucht

Dich sehn ich herbei,
wünsch mich zu Dir.
Ruf die Sterne an:
sei endlich bei mir.

Dir geb ich mich hin,
halte nichts zurück.
Denn nur so bestimmt
sich unser ganzer Glück.

Dir will ich gehören,
frage nicht nach morgen.
In Dir zu vergehen
frei von allen Sorgen.

Dich will ich für mich,
träume mich zu Dir.
Und wenn ich erwache,
bist Du endlich hier.

Ins Licht

Dich hab ich gesucht
tausend Sterne lang.
Deine Wärme strahlt mich
durch Deine Augen an.

Wir erreichen den Himmel,
drehen an der Welt.
Wir gehören zusammen,
wie es uns gefällt.

Dich will ich behalten,
Träume mit Dir bauen.
Niemand kann uns stoppen,
bricht unser Vertrauen.

Wir gehen durchs Dunkel,
Hand in hand – Du und ich.
Uns gehören die Wünsche.
Wir gelangen ins Licht!

Plötzlich

Du kamst plötzlich
und wolltest bleiben.
Lieb sein und
Sorgen vertreiben.

Du bliebst wirklich,
warst für mich da.
Und all meine Träume
wurden plötzlich wahr.

Du warst nett.
Alles war plötzlich schön.
Du versprachst mir
nie mehr zu gehen.

Du gingst plötzlich
und dann war ich allein.
Du kamst wieder
-    es muss plötzlich gewesen sein.

Deine Sorge

Deine Träume sind verborgen,
niemand kann sie sehen.
Genau wie Deine Sorgen
wie soll ich Dich verstehen?

Deine Wünsche sind geheim
in Deinem Herz versteckt.
Warum lässt Du mich nicht rein,
schickst mich immer weg?

Deine Tränen sind unsichtbar,
nur in Dir verbrennen sie.
Ich bin doch für Dich da,
Du merkst es nur nie.

Deine Augen sind ängstlich,
doch sie sehen mich an.
Sag es mir endlich,
damit ich Dir helfen kann.

Deine Stimme klingt weich
und ich höre ihr zu.
Das ist ganz leicht:
die Sorge warst Du!

Immer noch

Ich will Dir nicht nachrennen
und will Dir doch zeigen,
wie sehr ich Dich mag:
ich kann Dich gut leiden!

Ich will Dich nicht besitzen
Nur für mich allein
Und würde doch so gerne
Immer bei Dir sein:

Ich will mich nicht beschweren;
dass Du gegangen bist.
Und trotzdem tut es mir leid,
wie es gelaufen ist.

Ich will Dich nicht belehren
und wissen sollst Du doch,
was ich für Dich fühle:
ich mag Dich immer noch!

Du bist der

Du bist der,
der mich verrückt macht,
der niemals über Schwächen lacht.

Du bist der,
der mir gefällt,
der mich fest in seinen Armen hält.

Du bist der,
der nichts zerstört,
der allein zu mir gehört.

Du bist der,
der mich versteht,
der, der nicht geht.

Du bist der,
den jede liebt,
den es nur einmal gibt.

Ich kenne

Ich kenne Deine Augen,
ich kenne Dein Gesicht.
Ich liebe Deine Art
-    und doch kenn ich Dich nicht.

Ich höre Deine Worte,
ich spüre Dein Gefühl.
Ich liebe Deine Träume
-    und weiß ja doch nicht viel.

Ich wünsch mir Deine Liebe
und Deine Ehrlichkeit.
Ich wünsche mir, es hält
noch eine lange Zeit.

Ich kenne Deine Augen,
ich kenne Dein Gesicht.
Doch ob Du mich lieb hast,
weiß ich leider nicht.

Jede Nacht

Jede Nacht träum ich von Dir,
dann träume ich, Du wärst bei mir.
Du bist so lieb in jeder Nacht,
ich wünscht, ich wäre nicht aufgewacht.

Ich sehe Dich vorübergehen,
warum bleibst Du nie stehen?
Träumst Du etwa nicht allein
oder willst Du einsam sein?

Manches mal muss ich mich fragen,
wirst Du mir denn niemals sagen:
jede Nacht träum ich von Dir,
dann träume ich, Du wärst bei mir.

Alles vorbei

Du warst mal romantisch.
Jede Kleinigkeit konnte Dich
zum Träumen bringen.
Du warst golden.

Etwas hat Dich verändert.
Ich weiß nicht, was
und warum.
Ich bin geblieben.

Schade um Dich
um Dein zartes Wesen.
Du bist jetzt
hart und kalt.

Du hast Dich verloren
und etwas,
was Dir mal wichtig war:
mich auch.

Du zauberst

Träume von Dir
machen mich verrückt.
Blicke von Dir
bedeuten alles Glück.

Gedanken an Dich
sind voll von Gefühl.
Sorgen um Dich
belasten mich viel.

Lachen von Dir
verbessert meine Welt.
Lachen für mich,
wie mir das gefällt.

Grüsse von mir
gehören immer Dir.
Und diese Grüsse
sind Küsse von mir.

Seit Tagen

Ich versuche seit Tagen
und schaff es doch nicht,
es Dir zu sagen,
was ich fühl für Dich.

Ich versuche seit Tagen
und trau mich doch nicht,
es Dich zu fragen,
ob Du fühlst wie ich.

Ich versuche seit Tagen
und hab nie den Mut,
Dich auf Händen zu tragen
Es täte so gut.

Ich versuche seit Tagen.
Jetzt hörst Du mir zu.
Ich will es jetzt wagen:
was mir fehlt, bist Du.

Mit Dir

Mit Dir kann man reden,
Dir zuhören ist leicht.
Du bringst mich zum lachen,
dass es mir nicht reicht.

Mit Dir will ich leben,
Dein Traum will ich sein.
Dich will ich verwöhnen,
Deine Fehler verzeihen.

Mit Dir fühl ich mich gut,
bei Dir möchte ich bleiben.
Du sollst mich beschützen,
mir den Himmel zeigen.

Mit Dir kann man träumen
von Glück und Geborgenheit.
Mein Leben mit Dir zu teilen,
gemeinsam kommen wir weit.

Mit Dir darf ich fliegen
in Gedanken an Dich.
Du bist meine Welt
und Du liebst mich.

Du bist es

Ich bin glücklich,
Dir zu gehören.
Alles dreht sich nur um Dich.

Ich bin stolz,
Dich nie zu stören.
Schöne Zeiten für Dich und mich.

Ich bin verrückt
nach Deinen Küssen,
träume von Deinem Gesicht.

Ich will Dich
niemals vermissen
und ich belüge Dich nicht.

Ich möchte mit Dir
alle Zeit zusammen sein,
alles von Dir kennen lernen.

Ich wollte Dein Herz
wär für immer mein,
die Liebe so ewig wie die Sterne.

Ich bin glücklich,
dass Du da bist,
Berge versetzt allein für mich.

Ich bin glücklich,
dass Du es bist,
zu dem ich sage: ich liebe Dich!

Verliebt in Dich

Deine Augen finden mich,
lassen mich nicht los.
In Deinen Armen liegen,
meine Sehnsucht ist groß.

Deine Wärme bleibt,
bist Du auch nicht hier.
Mein Herz schlägt
und trommelt nach Dir.

Deine Worte fesseln mich,
bringen zum strahlen meine Welt.
Deine Stimme zu hören,
wie mir das gefällt.

Dein zu werden ist mein Ziel,
Du verzauberst mich.
Sei mein wahrer Traum,
ich bin verliebt in Dich.

Besiegt

Weil Du mich vernachlässigst,
weil Du mir Deine Zeit nicht schenkst,

deswegen habe ich es getan,
habe es auch nicht bereut.

Weil Du mich schlecht behandelst,
mich herumkommandierst und
beschimpfst,

deswegen habe ich ihm sein Herz
gebrochen
und Dir Deines auch.

Weil ich ihn ausgenutzt habe
und Dir eine Lektion verpasste,

deswegen stehe ich vor der
Entscheidung,
aber wie immer hast Du mich besiegt.

Ich glaube und glaube

Ich warte und warte
mal glücklich mal allein.
Das kann mein Glück nicht sein.

Ich hoffe und hoffe
voll Sehnsucht nach Dir,
bist Du auch nicht bei mir.

Ich kämpfe und kämpfe
um Dich und Deine Liebe,
so lang, bis ich sie kriege.

Ich träume und träume
und jetzt ist es wahr:
Du kommst und bleibst da.

Für Dich allein

Ich kämpfe und siege
für Deinen Respekt.
Ich stehle und lüge,
Du wirst nicht entdeckt.

Ich lache und weine,
Du bist nicht allein.
Ich träume und bete,
sollst nicht traurig sein.

Ich breche durch die Wand,
um Dich zu sehen.
Ich versuche immer,
Dich zu verstehen.

Ich fühle so ferne
und bin doch bei Dir.
Ich lebe und liebe,
Du gehörst zu mir.

Alles was zählt

Rede mit mir,
ich will Dich verstehen.
Schau mich an,
will Deine Seele sehen.

Gib mir Deine Hand,
ich führ Dich durch die Nacht.
Fühle mich
und ich küsse Dich wach.

Folge mir,
ich zeig Dir meine Welt.
Bleib bei mir,
alles was zählt.

Halt mich fest,
ich will noch mehr
und ich geb Dich
nicht mehr her.

Ich möchte sie zerstören

Ich möchte sie hören,
wie sie Dich ruft,
sich von Dir umschmeicheln lässt.

Ich möchte sie sehen,
die Frau der Perfektion,
die Dich so gefangen hält.

Ich möchte sie kennen,
ihr kaltes Herz,
mit dem sie Dich mir stahl.

Ich möchte sie treffen
auf dem Weg zum Kampf
um Deine wertvolle Liebe.

Ich möchte sie schlagen,
dafür dass sie Dir einmal
sehr weh tun wird.

Ich möchte sie bedauern,
denn sie könnte
niemals um Dich weinen.

Teile mit mir

Ich bin da,
um Deine Sehnsucht zu stillen.
Hier bei Dir,
um Deinen Traum zu erfüllen.

Ich bleibe,
um Dich zu verstecken.
Für ein ganzes Leben,
um Dich zu entdecken.

Teile mit mir
eine Liebe, ein Leben lang.
Sag ein Wort
und ich folge Dir.

Ich wünsche,
Dich auf Händen zu tragen.
Weit fort
von Deinen Sorgen und Plagen.

Ich liebe es,
mit Dir zu leben.
Ich lebe,
um Dir meines zu geben.

Jeden dieser Wünsche

Jede dieser Nächte
alleine ohne Dich
bedeuten Trauer
und Tränen für mich.

Jeder dieser Tage
verbracht in Einsamkeit
was führte uns nur,
trennte uns so weit?

Jeder dieser Träume
wurde niemals für mich wahr.
Wie wundervoll es wäre,
wärst Du wieder da.

Jeder dieser Küsse
verbrennt in meinem Herz.
Nun muss ich sie missen,
Du bringst mir nur Schmerz.

Jeder dieser Eide
Lüge um Lüge an mich.
Doch meine Sehnsucht ruft:
ich liebe Dich!

Aktuelle Gedichte und Infos findet Ihr unter

https://traumvonDir.hpage.com

Alles über den Glitzerseewald erfahrt ihr hier:

https://www.glitzerseewald.de

Auf Wunsch erhaltet Ihr Euer Buch auch signiert.

Viel Spaß beim Lesen!